Martin Zipfel

Elektronische Patientenakte - 'gläserner Patient' oder der Weg aus der Krise des Gesundheitswesens?

GRIN Verlag

Bibliografische Information der Deutschen Nationalbibliothek:

Die Deutsche Bibliothek verzeichnet diese Publikation in der Deutschen National-
bibliografie; detaillierte bibliografische Daten sind im Internet über http://dnb.d-
nb.de/ abrufbar.

Impressum:

Copyright © 2006 GRIN Verlag GmbH
Druck und Bindung: Books on Demand GmbH, Norderstedt Germany
ISBN: 978-3-638-72459-3

Dieses Buch bei GRIN:

http://www.grin.com/de/e-book/52069/elektronische-patientenakte-glaeserner-
patient-oder-der-weg-aus-der

GRIN - Your knowledge has value

Der GRIN Verlag publiziert seit 1998 wissenschaftliche Arbeiten von Studenten, Hochschullehrern und anderen Akademikern als eBook und gedrucktes Buch. Die Verlagswebsite www.grin.com ist die ideale Plattform zur Veröffentlichung von Hausarbeiten, Abschlussarbeiten, wissenschaftlichen Aufsätzen, Dissertationen und Fachbüchern.

Besuchen Sie uns im Internet:

http://www.grin.com/

http://www.facebook.com/grincom

http://www.twitter.com/grin_com

Elektronische Patientenakte

„gläserner Patient" oder der Weg aus der Krise des Gesundheitswesens?

Studienarbeit

von

Martin Zipfel

aus Waldshut

BERUFSAKADEMIE LÖRRACH

– STAATLICHE STUDIENAKADEMIE –

UNIVERSITY OF COOPERATIVE EDUCATION

Studienbereich Wirtschaft

Abgabetermin	05.12.2005
Kurs	WWI03
Studiengang	Wirtschaftsinformatik

Kurzfassung

Die „elektronische Patientenakte" wird mittlerweile zunehmend als Patientenakte mit dem Ziel der einrichtungsübergreifenden Nutzung von Patientendaten verstanden. Der Artikel „Elektronische Patientenakte" in Wikipedia[1] geht bei der Erklärung des Begriffes von einem System aus, bei dem institutionsübergreifend auf Patientendaten zugegriffen werden kann. Lediglich vereinzelt wird der Begriff dahingehend verwendet, dass Patientendaten jeglicher Art einfach nur elektronisch gespeichert bzw. verarbeitet werden. Auch im Rahmen der Gesundheitsreform werden mit der „elektronischen Patientenakte" medizinische Informationen über Patienten zentral gespeichert.

Von einer institutionsübergreifenden Patientenakte gehe ich auch in dieser Studienarbeit aus.

Im Jahr 2006 wird in Deutschland die sogenannte „Gesundheitskarte" eingeführt. Sie ersetzt die bisherige Krankenversichertenkarte und wird in einer späteren Ausbaustufe die elektronische Patientenakte beinhalten. Mit der Einführung der Karte werden auf dem Speicherchip bzw. im zentralen System freiwillig Notfalldaten (Impfungen, Allergien, Blutgruppe etc.) und elektronische Rezepte gespeichert, weitere Funktionen kommen in weiteren Ausbaustufen.

Die Digitalisierung der medizinischen Versorgung in Deutschland gehört zu den anspruchsvollsten IT-Projekten weltweit. Experten rechnen mit rund 11 Milliarden Daten-Transaktionen pro Jahr und schätzen das Datenaufkommen auf mindestens 23,6 Terabyte pro Jahr - und das ohne die Bilddaten, die durch moderne bildgebende Verfahren wie Computertomographie oder Magnetresonanztherapie geliefert werden.

Aufgrund der Brisanz des Themas gehe ich in dieser Studienarbeit deshalb näher auf die „Gesundheitskarte" und weiteren Funktionen, auch abgesehen von der elektronischen Patientenakte, ein. Beispielsweise wird das „eRezept", das neue elektronische Rezept, dass mit der Einführung der Gesundheitskarte das Papierrezept ersetzt, in meiner Arbeit genauer beschrieben. Die elektronische Patientenakte stelle ich größtenteils in Zusammenhang mit der „Gesundheitskarte".

Der Hauptteil besteht aus zwei Teilen: Probleme eines dezentralen Systems und die Möglichkeiten eines zentralen Systems (anhand dem Praxisbeispiel „Gesundheitskarte") werden ebenso diskutiert wie Datenschutz-/Datensicherheitsprobleme und die Lösungsmöglichkeiten in diesem Zusammenhang bei der „Gesundheitskarte".

---

[1] Vgl. [WIKI-2]

Inhaltsverzeichnis

Seite

Abkürzungsverzeichnis

BDSG	Bundesdatenschutzgesetz
BMGS	Bundesministeriums für Gesundheit und Soziale Sicherung
EHIC	Electronic Health Insurance Card
EPA	Elektronische Patientenakte
GINA	Gesundheits-Information-Netzwerk-Architektur
GKV	Gesetzliche Krankenversicherung
GMG	GKV-Modernisierungsgesetz
HBA	Heilberufsausweis
IBM	International Business Machines, Computerfirma
PIN	Persönliche Identifikationsnummer
SGB	Sozialgesetzbuch
SAP	dt. Softwarehersteller
SPD	Sozialdemokratische Partei Deutschlands

Abbildungsverzeichnis

1 Einleitung

1.1 Motivation

Informations- und Kommunikationstechnologien haben bereits zu zahlreichen und vielseitigen Veränderungen in der Wirtschaft und Gesellschaft geführt. Informationen sind durch das Internet überall und jederzeit verfügbar – ohne großen finanziellen und zeitlichen Aufwand. Politik, Wirtschaft und die gesamte Gesellschaft stehen durch das „Informationszeitalter" vor immer neuen Fragestellungen und Herausforderungen, wovon auch das Gesundheitswesen betroffen ist.

Durch entscheidende Vorteile wurden und werden im Gesundheitssektor konventionelle Systeme immer mehr durch elektronische Systeme ersetzt. Die Kosten sinken, die (technische) Qualität steigt.

Die Vielfalt realisierter Lösungen ist jedoch sehr groß. Damit die Daten der elektronischen Patientenakte nicht nur in der jeweiligen Klinik genutzt werden können, müssen die Bestandteile der EPA (= Elektronische Patientenakte) und ihre Übertragung standardisiert werden.

Die einrichtungsübergreifende, elektronische Patientenakte ist das eigentliche Ziel der elektronischen Kommunikation im Gesundheitswesen.

Die Vorteile der institutionsübergreifenden EPA scheinen auf der Hand zu liegen: Doppeluntersuchungen werden vermieden, Arzneimittelrisiken von Arzt zu Arzt weitergegeben, wichtige Untersuchungsergebnisse gehen nicht verloren und die Kosten im sowieso sehr belasteten Gesundheitswesen können deutlich verringert werden. Vielleicht kann ein Arzt im Notfall auf wichtige Informationen zurückgreifen, die den Tod eines Menschen verhindern.

Der erste (positive) Eindruck täuscht vielleicht, denn die EPA wirft auch eine Vielzahl von Fragen bzgl. des Datenschutzes auf, die nicht ungeachtet bleiben sollten.

Im Rahmen der Reform des Gesundheitswesens wird die sogenannte Gesundheitskarte im Jahr 2006 in Deutschland schrittweise für alle 80 Millionen Versicherten bundesweit eingeführt werden.[2] Pilottests finden momentan statt.

---

[2] Vgl. [GESU-1]

Mit dieser Einführung wird die „Elektronische Patientenakte" mehr oder weniger bereits Realität. Umfassende Patienteninformationen können – zumindest in einigen Jahren - einrichtungsübergreifend genutzt werden. Voraussetzung ist jedoch die Zustimmung des Patienten.

Die Funktionalität der elektronischen Patientenakte gehört jedoch erst zu einer späteren Ausbaustufe der Gesundheitskarte, zunächst werden sogenannte „elektronische Rezepte" realisiert und die Speicherung von allgemeinen Versichertendaten möglich sein.

1.2   Problemstellung und –abgrenzung

Die Papierakte und beispielsweise handschriftliche Rezepte entsprechen mit Sicherheit keinesfalls unserem heutigen Informationszeitalter. Riesige Aktenarchive und das Verschicken von Befunden von Arzt zu Arzt per Post sollten Vergangenheit sein. Die zentrale elektronische Patientenakte ist der Papierakte bzw. der elektronischen Akte innerhalb einer Einrichtung in vielem überlegen. Im ersten Abschnitt der Problemstellung beschäftige ich mich deshalb mit den Problempunkten des alten dezentralen Systems.

Umfassender jedoch beschäftige ich mich im Zusammenhang mit dieser Studienarbeit mit Problemen bzgl. des Datenschutzes und dem Recht auf informationeller Selbstbestimmung, das im Bundesdatenschutzgesetzt verankert ist.

Die „Gesundheitskarte", die kurz vor der Einführung steht, wird auf der offiziellen Seite des BMGS, www.die-gesundheitskarte.de, beworben. Auf jeder Unterseite dieser offiziellen Website findet man ein Zitat von der Bundesgesundheitsministerin Ulla Schmidt: "Die elektronische Gesundheitskarte ist ein wichtiges Instrument zur Verbesserung der Lebens- und Versorgungsqualität der Patientinnen und Patienten"[3]. Verschiedenste Vorteile werden detailliert beschrieben, vermutlich soll hiermit eine größtmögliche Akzeptanz beim Volk erreicht werden, um die gewünschten Einspareffekte Realität werden zu lassen. Eine kritische, objektive Auseinandersetzung, vor allem bzgl. des Datenschutzes, fehlt dementsprechend.

Die Gesundheitskarte setzt umfangreiche Änderungen an bestehender Kliniksoftware und Software von Arztpraxen voraus, damit entsprechende Schnittstellen vorhanden sind. Solche technischen Zusammenhänge werden in dieser Studienarbeit nicht behandelt. Vielmehr geht es um die Vorteile eines zentralen Systems und den Datenschutz.

1.3   Ziel der Arbeit

Einrichtungsinterne Akten bringen Probleme mit sich, die mit der institutionsübergreifenden elektronischen Patientenakte gelöst werden können – letztendlich kann die elektronische Patientenakte mit Sicherheit in manchen Fällen über Leben und Tod entscheiden, da Ärzte auf vorangegangene Untersuchungsergebnisse anderer Ärzte oder sonstige wichtige Daten über den Patienten zugreifen können. Diese Lösungen/Vorteile einer institutionsübergreifenden Patientenakte werden im ersten Teil des Lösungskonzeptes erläutert.

---

[3] Vgl. [GESU-1]

Der zweite Teil beinhaltet die Lösungsmöglichkeiten der Gesundheitskarte bzgl. des Datenschutzes. Die Daten sind hochsensibel, die Anzahl der Kritiker ist hoch. Dementsprechend sind Lösungen gefragt, die mit den hohen Ansprüchen an den Datenschutz mithalten können.

Die technische Grundkonzeption aller EPA-Modelle geht von einer Kombination einer Chipkarte mit Schlüsselfunktion zur Verschlüsselung und Authentisierung und einem gesicherten Zugang entweder zu verschlüsselten oder zu pseudonymisierten Daten aus. Mit diesen Maßnahmen soll sichergestellt werden, dass

- ein Zugang zur EPA technisch nur mit den beiden Chipkarten des Arztes und des Patienten und der Einwilligung des Patienten überhaupt möglich ist,

- das technische System es ermöglicht, die Einwilligung auf einzelne Ärzte oder Krankenhäuser zu beschränken und

- ein Widerruf sowie auf Wunsch des Patienten auch die Löschung aller Daten jederzeit möglich ist. [4]

So geht auch die Gesundheitskarte von einem System aus, bei dem eine PIN-Authentifizierung des Benutzers und des Arztes erfolgen muss. Prinzipiell können auch nur Daten über einen Patienten abgerufen werden, wenn die Karte des Patienten vorliegt.

1.4 Vorgehen

In den Grundlagen wird zunächst das Konzept der Gesundheitskarte sehr ausführlich beschrieben. Rechtliche und technische Zusammenhänge werden erläutert, um die Grundlagen für die Problemstellung und das Lösungskonzept zu schaffen.

Problemstellung und Lösungskonzept sind in jeweils zwei Teile aufgegliedert, wie bereits in 1.2 geschildert.

In den letzten Kapiteln „Zusammenfassung" und „Ausblick" werden genauere Details zu den momentanen Entwicklungen beschrieben.

---

[4] Vgl. [WIK-2]

2 Grundlagen

2.1 Die „Gesundheitskarte"

2.1.1 Allgemeine Informationen

Die Gesundheitskarte, basierend auf dem Modell der elektronischen Patientenakte, wird im Jahr 2006 Realität und soll schrittweise für alle 80 Millionen Versicherten eingeführt werden. Die bisherige Krankenversichertenkarte wird durch die neue Karte ersetzt.

Das BMGS sieht die Gesundheitskarte als Schlüssel zur Modernisierung des Gesundheitswesens. Die Wirtschaftlichkeit im Gesundheitswesen soll deutlich verbessert werden.

Ein Pilotprojekt läuft – nach Angaben des BMGS erfolgreich – bereits seit Anfang des Jahres in Schleswig-Holstein. In Kapitel 2.1.6 wird dieses Pilotprojekt detailliert beschrieben.

Auf der offiziellen Seite des BMGS, www.die-gesundheitskarte.de, wird das Modell der „Gesundheitskarte" bereits relativ umfangreich beschrieben. Die Informationen im Abschnitt 2.1 basieren größtenteils auf dieser Website.

Die Umstellungskosten sollen sich nach Schätzungen des BMGS auf rund 1,7 Milliarden Euro[5] belaufen, der Großteil soll von den Krankenversicherungen getragen werden.

2.1.2 Rechtliche Grundlagen

Voraussetzung für die Einführung der elektronischen Gesundheitskarte sind umfangreiche rechtliche Regelungen. Diese betreffen Bereiche wie Datenschutz und Datensicherheit, Ausgestaltung der elektronischen Gesundheitskarte und ihrer Anwendungen, Kriterien der Telematikinfrastruktur sowie Organisation und Finanzierung.

Mit dem Gesetz zur Modernisierung der gesetzlichen Krankenversicherung, kurz GKV-Modernisierungsgesetz (GMG), wurden die Krankenkassen verpflichtet, die bisherige Krankenversichertenkarte zu einer elektronischen Gesundheitskarte zu erweitern. Der Paragraf 291a des

---

[5] Vgl. [WIKI-1]

fünften Sozialgesetzbuches (SGB V) hält nicht nur die verpflichtende Einführung der Gesundheitskarte fest, sondern regelt auch deren Funktionsumfang.

So ist gesetzlich festgelegt, dass die Gesundheitskarte über einen verpflichtenden administrativen Teil und einen freiwilligen medizinischen Teil verfügen soll, ergänzt um eine detaillierte Auflistung der einzelnen Funktionen und Anwendungen.[6]

2.1.3 Technische Grundlagen

Durch die hohe Anzahl der Beteiligten (Ärzte, Apotheker, Versicherte...) und technische Neuerungen ist das Projekt sehr komplex. Deshalb findet die Einführung schrittweise statt. Die Karte wird nicht sofort über alle Funktionen verfügen, sondern nach und nach erweitert. Sie unterscheidet sich nicht nur äußerlich durch das Foto des Inhabers von der alten Krankenversichertenkarte. Sie ist im Gegensatz zur herkömmlichen Karte keine Speicherkarte, sondern eine Prozessorkarte, das heißt sie besitzt, wie ein herkömmlicher Computer, einen Mikroprozessor.

Die Gesundheitskarte an für sich ist nur ein Teil der Informations-, Kommunikations- und Sicherheitsstruktur für die neuen Anwendungen im Gesundheitssystem.

Weitere Bestandteile sind:

- der elektronische Heilberufsausweis (HBA) für Ärzte und Apotheker, mit dem auf medizinische Daten zugegriffen werden kann (siehe auch heilberufeausweis.de)

---

[6] Vgl. [GESU-2]

- ein sicheres Kommunikationsnetz für das Gesundheitswesen, das 123.000 niedergelassene Ärzte, 65.000 Zahnärzte, 2.200 Krankenhäuser, 21.000 Apotheken und rund 270 Krankenkassen miteinander vernetzt und Zugangsportale für Versicherte bereitstellt,

- Server/Datenspeicher und Dienste.

Mit dem Ausbau der Infrastruktur soll der Funktionsumfang der Gesundheitskarte schrittweise erweitert werden.

Welche Informationen auf der Karte und welche zentral gespeichert werden, ist noch nicht endgültig festgelegt. Sicher ist, dass die Karte einen Datenspeicher enthält. Administrative Funktionen (siehe Abbildungen) sollen auf der Karte gespeichert werden. Der Arzt kann die Daten seines Systems mithilfe der Karte aktualisieren. Zusätzliche Notfalldaten (Blutgruppe, chronische Erkrankungen, Impfungen, Allergien etc.) werden ebenso auf der Karte abgespeichert, Arzneimitteldokumentationen und sonstige Informationen nach aktuellem Stand jedoch auf zentralen Servern.

Die bisherige Krankenversichertenkarte speichert nur einmalig Versichertendaten.

bIT4health ("better IT for better health"/"bessere Informationstechnologie für bessere Gesundheit") ist der Name eines Industriekonsortiums, das das Bundesministerium für Gesundheit bei der Einführung der elektronischen Gesundheitskarte unterstützt.

Das Konsortium bIT4health besteht aus IBM Deutschland, dem Chipkartenhersteller ORGA, dem Softwarehersteller SAP, dem Patientenaktenspezialisten InterComponentWare sowie dem Fraunhofer-Institut für Arbeitswirtschaft und Organisation.

bIT4health hat die so genannte Telematik-Rahmenarchitektur erarbeitet. Sie ist eine Art Bauplan für die Entwicklung der technischen und organisatorischen Details rund um die elektronische Gesundheitskarte.

Die Lösungsarchitektur ist gewissermaßen das Feinkonzept beim stufenweisen Aufbau der Telematikinfrastruktur im Gesundheitswesen. Sie legt fest, auf welche Weise die Umsetzung der Rahmenarchitektur technisch und administrativ organisiert wird. Sie ist die Basis für die Entwicklung und Produktion der notwendigen Geräte, Systeme und Softwareprodukte.

Die Fraunhofer-Gesellschaft hat die Lösungsarchitektur in einem gemeinsamen Forschungs- und Entwicklungsprojekt des Bundesministeriums für Gesundheit und Soziale Sicherung (BMGS) und der Selbstverwaltung erarbeitet.

Die weitere Umsetzung der Lösungsarchitektur und die Einführung der Karte erfolgt durch die Betriebsorganisation gematik mbH, die für den Betrieb der Telematikinfrastruktur verantwortlich ist.

Die Lösungsarchitektur ist auch Grundlage für die Erprobung der Infrastruktur in ausgewählten Testregionen. Die Erkenntnisse aus diesen Tests fließen wieder in die Lösungsarchitektur ein.[7]

---

[7] Vgl. [GESU-3]

2.1.4 Organisatorische Grundlagen

Die Einführung der elektronischen Gesundheitskarte ist ein Vorhaben, das durch die hohe Zahl der beteiligten Akteure und die technischen Neuerungen sehr komplex und in seiner Dimension europaweit einmalig ist: 80 Millionen Versicherte, 21.000 Apotheken, 123.000 niedergelassene Ärzte, 65.000 Zahnärzte, 2.200 Krankenhäuser sowie knapp 270 Krankenkassen werden über die Telematik-Infrastruktur miteinander vernetzt.

Ein solch ehrgeiziges Unterfangen kann nicht von heute auf morgen, sondern nur schrittweise realisiert werden. Wesentliche Voraussetzung hierfür ist eine Organisationsstruktur, der eine klare Aufgabenverteilung zugrunde liegt und die die Beteiligung aller wichtigen Akteure gewährleistet.

Für die Erstellung der Telematik-Rahmenarchitektur, die Vorbereitung der Testphase und die wissenschaftliche und technische Begleitung des Projektes bis 2006 hat das Bundesministerium für Gesundheit und Soziale Sicherung ein Industriekonsortium (bIT4health) unter Leitung der IBM Deutschland GmbH beauftragt.[8]

2.1.5 Heilberufsausweis und Gesundheitskarte im Detail

Die Gesundheitskarte wird an alle Versicherten ab 2006 verpflichtend ausgehändigt. In folgender Grafik ist die Vorderseite abgebildet:

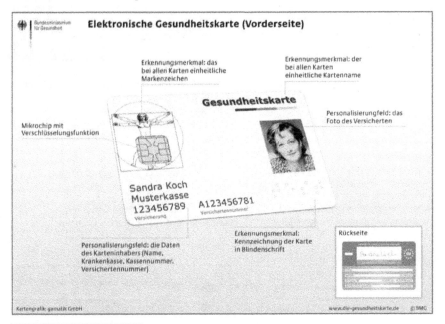

---

[8] Vgl. [GESU-4]

Ein Foto ist zum Schutz vor Missbrauch verpflichtend. Die Karte soll nach Angaben des BMGS absolut fälschungssicher sein.

Auf der Rückseite befindet sich die „europäische Krankenversichertenkarte" („EHIC"):

Von Anfang an wird sich die Europäische Krankenversichertenkarte (European Health Insurance Card, kurz: EHIC) als Sichtausweis auf der Rückseite der elektronischen Gesundheitskarte befinden. Sie ersetzt den bisher bei Krankheitsfällen im Ausland üblichen "Auslandskrankenschein" und ermöglicht den Versicherten so eine unbürokratische medizinische Behandlung im europäischen Ausland.

Die Europäische Krankenversichertenkarte weist europaweit einheitliche Merkmale auf wie zum Beispiel das EU-Emblem und die Anordnung der Textfelder. Damit ist gewährleistet, dass die Karte in allen europäischen Mitgliedstaaten erkannt und angewandt werden kann.

Es sind die Daten festgehalten, die für die Gewährung von medizinischen Leistungen und für die Erstattung der Kosten im europäischen Ausland gemäß dem europäischen Gemeinschaftsrecht notwendig sind.[9]

Der Heilberufsausweis soll für Ärzte (Stand: 02.12.2005) wie folgt aussehen[10]:

---

[9] Vgl. [GESU-5]
[10] Vgl. [HEIL-1]

2.1.6 Das elektronische Rezept: „eRezept"

Zum verpflichtenden Teil der elektronischen Gesundheitskarte zählt das elektronische Rezept, das das Papierrezept ablösen wird.

Die mittels der Gesundheitskarte gespeicherten Verordnungsdaten für Arzneimittel werden schon in der Einführungsphase die bislang jährlich mehr als 700 Millionen ausgestellten Papierrezepte ablösen. Mit einem Lesegerät erfasst der behandelnde Arzt die auf der Karte gespeicherten Versichertendaten. Wenn eine medikamentöse Therapie aus ärztlicher Sicht erforderlich ist, speichert der Arzt künftig mit Hilfe der elektronischen Gesundheitskarte die verordneten Arzneimittel als elektronisches Rezept. Die Unterschrift des Arztes erfolgt elektronisch durch seinen Heilberufsausweis (HBA).

In der Apotheke oder Versandapotheke dann der umgekehrte Vorgang: Die Karte wird gelesen, die Unterschrift auf Gültigkeit geprüft und das elektronische Rezept gelöscht, sobald der Patient seine Medikamente entgegennimmt. Patientinnen und Patienten können aber auch weiterhin gängige Versandverfahren nutzen.

Die Vorgänge sollen wie folgt ablaufen:

1: beim Arzt

1. Der Arzt wählt ein Arzneimittel aus und erstellt für den Patienten ein elektronisches Rezept. Dafür nutzt er wie bisher seinen Computer.

2. Der Arzt "unterschreibt" das Rezept mit einer qualifizierten digitalen Signatur, die mit Hilfe seines Heilberufsausweises erzeugt wird.

3. Der Arzt übergibt das elektronische Rezept samt Signatur dem Versicherten. Dazu speichert er das Rezept entweder direkt auf der Karte oder über eine abgesicherte Netzverbindung auf einem eRezept-Server.

4. Zur Information des Versicherten kann ihm der Arzt zusätzlich einen Papierbeleg mitgeben, der den Namen des Medikaments, Angaben zur Dosierung und Einnahmehinweise enthält. Dieser Beleg dient allein der Information des Versicherten; er ist kein gültiges Rezept.

5. Der Versicherte kann nun das Rezept in einer Apotheke oder über den Versandhandel einlösen.

2: in der Apotheke

1. Der Versicherte übergibt das elektronische Rezept dem Apotheker.

2. Dafür überlässt er seine Gesundheitskarte dem Apotheker, der das Rezept entweder direkt von der Karte oder vom eRezept-Server abruft.

3. Für den Zugriff auf das elektronische Rezept muss der Apotheker seine Zugangsberechtigung mit seinem Heilberufsausweis nachweisen.

4. Der Apotheker prüft die digitale Signatur, übergibt dem Versicherten das Arzneimittel und löscht das Rezept auf der elektronischen Gesundheitskarte oder auf dem eRezept-Server, so dass es nicht erneut eingelöst werden kann.[11]

2.1.7 Pilotprojekt in Schleswig-Holstein

Ausgewählte Versicherte in Schleswig-Holstein erhielten ab Juli 2005 eine „elektronische Gesundheitskarte Schleswig-Holstein". Hierbei handelt es sich um ein umfangreiches Pilotprojekt für die Gesundheitskarte.

---

[11] Vgl. [GESU-6]

Dieses ist die Grundvoraussetzung, um Erkenntnisse über die Verwendung der technischen Verfahren und der erforderlichen Arbeitsabläufe in den beteiligten Arztpraxen, Apotheken und Krankenhäusern vor der generellen Einführung zu gewinnen.

Zum Pilotprojekt gibt es eine Website mit umfassenden Informationen: www.gesundheitskarte-sh.de.

Das Modell der Gesundheitskarte wird hiermit im Praxisalltag getestet. Das ist die Grundvoraussetzung, um Erkenntnisse über die Verwendung der technischen Verfahren und der erforderlichen Arbeitsabläufe in den beteiligten Arztpraxen, Apotheken und Krankenhäusern vor der generellen Einführung zu gewinnen.

Mit Stand vom November 2005 sind 40 Praxen, mehrere Krankenhäuser und 18 Apotheken bei diesem Prototyp beteiligt. Etwa 1000 Gesundheitskarten wurden ausgegeben, die Ausweitung auf mehr Teilnehmer findet kontinuierlich statt.[12]

Bei diesem Pilotprojekt werden im Datenspeicher der Karte Versichertendaten, Notfalldaten, wichtige Medikationen und ein Zugriffsschlüssel gespeichert. Mit diesem Zugriffsschlüssel kann auf weitere Daten wie erweiterte Notfalldaten, die elektronische Patientenakte (Befunde, Untersuchungsergebnisse...) und Arztbriefe zugegriffen werden. Apotheker können nur auf für sie relevante Informationen (z.B. Rezepte) zugreifen, nicht auf detaillierte Patientendaten.

In der Praxis wird die „elektronische Patientenakte" bei diesem Pilotprojekt weniger getestet. Schnittstellen zu Patientenmanagement-Software und Kliniksystemen fehlen hierfür.

Die Authentifizierung erfolgt über eine PIN, die der Benutzer eingeben muss, damit Daten über ihn abgerufen werden können. Lediglich Notfalldaten können ohne die Eingabe der PIN eingegeben werden.

In Arztpraxen und Apotheken wurden sogenannte „Gesundheitsterminals" aufgebaut, über die jeder Patient ohne Assistenz von Apotheker oder Arzt auf seine gespeicherten Daten zugreifen kann. In 12 von 18 Apotheken stehen bereits solche Terminals.

Das eRezept wird in diesem Testprojekt doppelt gespeichert: auf der Karte und zentral auf einem Server. Somit kann auch bei technischen Störungen eine sichere Übertragung gewährleistet werden.[13]

2.1.8 Ähnliche Projekte im Ausland

In Österreich lief seit Dezember 2004 im Burgenland ein Testlauf für eine "e-card", die in der ersten Ausbaustufe den Papier-Krankenschein ersetzen soll.

---

[12] Vgl. [LRSH-1]
[13] Vgl. [GESH-1]

Seit Sommer 2005 wurde die elektronische Gesundheitskarte nach jahrelangen Verzögerungen in ganz Österreich flächendeckend ausgegeben.[14] Mittlerweile sollte jeder Österreicher eine solche Karte besitzen.[15]

Wie die deutsche Gesundheitskarte enthält das österreichische Pendant Fächer für Notfalldaten und das elektronische Rezept, ist aber auch mit einer Verwaltungssignatur und einer Sozialversicherungssignatur versehen und als Bürgerkarte beim eGovernment einsetzbar. Ursprünglich sollte die ohne Foto auskommende Karte auch als Bankomat-Karte funktionieren, doch die Zusammenführung von Geld und Gesundheit stieß auf Bedenken. Im Unterschied zum deutschen System läuft in Österreich die Kommunikation nicht über das Internet, sondern über ein eigenes Netz, das in den Arztpraxen über so genannte GINA-Boxen (Gesundheits-Information-Netzwerk-Architektur) abgesichert ist, in denen ein gehärtetes Linux arbeitet.

Als Server kommen Systeme der Firma IBM zum Einsatz. Ärzte, die für den GIN-Anschluss 32,70 Euro im Monat bezahlen, können gegen jeweils 5 Euro Aufpreis E-Mail und Web-Zugriff anmieten, die über ein spezielles Gateway laufen.

Die Akzeptanz bei den Österreichern soll hoch sein. 75 Prozent der Österreicher stimmten der Einführung zu.[16]

Nach einer Ökunet-Umfrage befürworten 86 Prozent das Ablösen des Krankenscheins in Papierform mit der e-card. [17]

Probleme gab es bei der österreichischen Karte mittlerweile jedoch schon einige. Am 24.09.2005 ist das System nach einer Heise-Meldung[18] ausgefallen, Ärzte mussten Verrechnungsdaten von Patienten manuell notieren.

Ärztevertreter in Österreich kritisieren das E-card-System laufend. Es gäbe laufend Systemabstürze, der Rollout der Anschlüsse verlaufe schleppend, Installationstermine würden nicht eingehalten und es gäbe keine kompetente Unterstützung durch den Hauptverband. Die Supporthotline wird als "Klagemauer" bezeichnet, die inkompetent sei und Rückrufversprechen nicht einhalte. Neben der Höhe der Installations- und Betriebskosten stört auch, dass oft tausende Euro anfallen, wenn die e-card in bestehende Systeme integriert wird. Der Zeitaufwand für die Abrechnung soll sich wesentlich erhöht haben, die zusätzlichen Wartezeiten zu Umsatzrückgängen führen. Immer wieder sollen Versicherte als nicht versichert ausgewiesen worden sein.

Sozialhilfeempfänger, obwohl versorgungsberechtigt, bekommen prinzipiell keine Chipkarte und müssen peinlichen bürokratischen Aufwand über sich ergehen lassen. Der Hauptverband hat in diesem Zusammenhang die Ärzte aufgefordert, ihre Honorare zu senken. Anfang August waren 23.000 fehlerhafte Chipkarten an Rentner verschickt worden. Die Betroffenen müssen sich vor Auslandsreisen wieder Auslandskrankenscheine besorgen. [19]

---

[14] Vgl. [WIKI-1]
[15] Vgl. [PRPO-1]
[16] Vgl. [HEIS-1]
[17] Vgl. [NETT-1]
[18] Vgl. [HEIS-2]
[19] Vgl. [HEIS-2]

Ein erneuter Ausfall des österreichischen Systems gab es am 21.11.2005. Die Telefon-Hotline brach zusammen.[20]

In Taiwan wurde im Jahr 2003 flächendeckend für ca. 23 Mio. Versicherte eine elektronische Gesundheitskarte eingeführt. Die Ärzte und Apotheker haben wie in Deutschland geplant mit einer Health Professional Card zugriff auf die Patientendaten. Derzeit wird die taiwanesische Gesundheitskarte jedoch, ähnlich wie die in Deutschland bereits 1993 eingeführte Krankenversichertenkarte, lediglich für administrative Daten (Name, Geburtsdatum etc.) genutzt.

In den USA läuft derzeit ein Gesundheitskartenprojekt an, das noch weit fortgeschrittener ist: die Gesundheitskarte soll dort durch einen kleinen subcutanen (also: unter die Haut verpflanzten) Chip ersetzt werden. Allerdings haben Bürgerrechtler deutliche Bedenken dagegen.[21]

---

[20] Vgl. [HEIS-3]
[21] Vgl. [WIKI-1]

3 Problemanalyse

3.1 Die Papierakte & das System vor der Gesundheitskarte

3.1.1 Qualitative Defizite einer dezentralen Akte

Die Praxis sieht meist wie folgt aus: es existieren elektronische Systeme, außerdem werden Akten zusammen mit Röntgenbildern, externen Arztbriefen u.ä. in Papierform archiviert. Die komplette Akte ist also nicht in elektronischer Form vorhanden.

Abgesehen von der Tatsache, dass es sich um ein dezentrales System handelt, hat ein solches System schon an für sich einige Nachteile. Der Aufwand, eine Akte herauszusuchen, kann sehr hoch sein. Außerdem lassen sich nicht sehr einfach Sicherungskopien von Papierakten erstellen. Röntgenbilder können beispielsweise nicht einfach kopiert werden.

Die Nachteile eines dezentralen Systems sind denkbar. Ärzte wissen nicht über Untersuchungsergebnisse und sonstige Patientendaten anderer Ärzte Bescheid. Die Folge sind Doppeluntersuchungen, die unser Gesundheitssystem belasten. Folge der Doppeluntersuchungen können gesundheitliche Belastungen für die einzelnen Patienten (z.B. doppelte Röntgenbilder) und verlängerte Wartezeiten aufgrund unnötiger zusätzlicher Untersuchungen sein.

Zudem wissen Ärzte oftmals nicht über vorangegangene Arzneimittelverabreichungen und bekannte Wechselwirkungen Bescheid. Selbst wenn Sie umfangreiche Informationen über medikamentöse Behandlungen haben, erkennen sie nicht sofort Unverträglichkeiten, da die Anzahl der verschiedenen Medikamente und damit verbunden die Zahl der Wechselwirkungen sehr hoch ist.

Sofern der Patient von vorherigen Behandlungen und Arzneimittelverabreichungen berichtet, können falsche Informationen zu negativ beeinflussten Behandlungen führen, da die Richtigkeit der Informationen nicht gewiss ist.

Der Informationsaustausch zwischen Ärzten erfolgt meist noch per Post. Das nimmt Zeit in Anspruch und kann einen Behandlungsverlauf verlängern. Briefe per Post können, wenn auch in sehr seltenen Fällen, beim Versand verloren gehen.

Rezepte werden ebenso auf Papier ausgestellt, teilweise sogar noch handschriftlich. Handschriftliche Rezepte können zu Fehlern und somit falschen medikamentösen Behandlungen führen. In der Regel werden Rezepte jedoch ausgedruckt, dem Patienten übergeben, und bei der Apotheke dann für die Einlösung erneut elektronisch erfasst. Es handelt sich also um einen Bruch in der elektronischen Übertragungskette.

Bei Notfällen werden oft Daten über Patienten benötigt, die dieser entweder nicht parat hat, oder durch die Notfall-Situation dem Arzt nicht mitteilen kann. Beispielsweise werden Informationen über Arzneimittelrisiken, Impfungen und die Blutgruppe oftmals rasch benötigt. Ergebnis ist eine schlechtere gesundheitliche Notversorgung durch die fehlenden Informationen.

3.1.2 Hohe Kosten beim jetzigen System

Die Kritikpunkte, die in 3.1.1 angebracht sind, bedeuten größtenteils auch höhere Kosten als ein zentralisiertes, elektronisches System.

Doppeluntersuchungen „verdoppeln" nicht nur die Untersuchung, sondern auch deren Kosten. Die Krankenkassen tragen diese Kosten. Folgen können höhere Beitragssätze sein, was jeden Arbeitnehmer und somit das ganze System zusätzlich belastet.

Informationen per Post zu verschicken heißt nicht nur ein erhöhter Zeitaufwand, sondern auch zusätzliche Portokosten.

Durch den erhöhten Aufwand bei einem dezentralen System werden mehr Arbeitskräfte im Gesundheitswesen benötigt. Papierakten müssen umständlich herausgesucht werden und viele Abläufe nehmen mehr Zeit in Anspruch als ein zentralisiertes, elektronisches System. In Apotheken müssen Rezepte elektronisch neu erfasst werden.

Werden Papierakten archiviert, so kann dies zudem zu riesigen Aktenarchiven führen. Das bedeutet einen Platzbedarf, der zu höheren Raumkosten führt.

3.1.3 Datenschutz und Datensicherheit

Beim dezentralen System ist es für einen Patienten sehr schwierig, einen Überblick über von ihm vorhandenen medizinischen Informationen zu erhalten. Informationen befinden sich bei verschiedensten Ärzten in Aktenarchiven.

3.2 Kritik am zentralen System: Datenschutz, Datensicherheit, Kosten

Nach Lesen der Informationen auf www.die-gesundheitskarte.de kann ein sehr subjektiver Eindruck entstehen. Bei der Website könnte es sich auch um Marketing das neue Produkt eines Unternehmens handeln.

Die Seite mit dem Ziel des Erhöhens der Akzeptanz bei der Bevölkerung scheint folgende Informationen herüberzubringen wollen: „Die Gesundheitskarte verbessert die Qualität der Gesundheitsversorgung und senkt Kosten."

Auf Datenschutzpunkte wird zwar teilweise ausführlich eingegangen, eine objektive Betrachtungsweise fehlt jedoch natürlich. Der Datenschutz und die Datensicherheit sollen nach Angaben des BMGS vollkommen gewährt sein.

Die Anzahl der Kritiker unter Ärzten und Politikern ist jedoch beachtlich. Häufig wird vom „gläsernen Patienten" gewarnt.

In diesem Kapitel möchte ich die elektronische Patientenakte und im speziellen auch die Gesundheitskarte aus Datenschutz-Sicht betrachten und hinterfragen.

3.2.1 Recht auf informationelle Selbstbestimmung - spätere Gesetzesänderungen?

Der Datenschutz genießt in Deutschland Verfassungsrang. Das Bundesverfassungsgericht sieht in seinen diesbezüglichen Urteilen die informationelle Selbstbestimmung als Unterfall des allgemeinen Persönlichkeitsrechts. "Informationelle Selbstbestimmung" bedeutet, dass der Einzelne grundsätzlich selbst darüber entscheiden kann, ob, wem und zu welchem Zweck er seine persönlichen Daten zur Verfügung stellt.

Das Bundesdatenschutzgesetz (BDSG) bestimmt im Einklang damit in § 4, dass der Umgang mit personenbezogenen Daten nur dann zulässig ist, wenn dies gesetzlich festgelegt oder erlaubt ist oder der Betroffene eingewilligt hat. Diese Maxime gilt für den gesamten Medizinbetrieb und künftig auch für die elektronische Gesundheitskarte. Sie ist den entsprechenden Passagen des GKV-Modernisierungsgesetzes zugrunde gelegt worden. [22]

Momentan ist festgelegt, dass bei der Gesundheitskarte lediglich Versichertendaten gespeichert werden müssen und eRezepte verpflichtend sind. Alle weiteren Dokumentationen sind freiwillig. Die Angst vor dem „gläsernen Patienten" soll so gemildert werden.

Nach einem Wikipedia-Artikel („Gesundheitskarte"[23]) gibt es bereits Stimmen von Politikern und Spitzenmanagern der Krankenkassen, die das Freiwilligkeitsprinzip der Datenspeicherung verlassen wollen. Bei einer niedrigen Akzeptanz der freiwilligen Speicherfunktionen könnte das Volk zur elektronischen Patientenakte gezwungen werden. „Informationelle Selbstbestimmung" wäre hiermit nicht mehr gegeben.

Es ist vollkommen offen, ob spätere Gesetze die elektronische Patientenakte verpflichtend machen. Aus welchen Parteien sich die Bundesregierung zukünftig (beispielsweise in 10 Jahren) zusammensetzt, ist genauso unbekannt, dementsprechend sind verschiedenste politische Richtungen denkbar.

Später könnten die Patientenakten beispielsweise auch für strafrechtliche Ermittlungen verwendet werden, wenn entsprechende Gesetze verabschiedet werden sollten. Arbeitgeber könnten,

---

[22] Vgl. [DIMD-1]
[23] Vgl. [WIK-1]

beispielsweise per freiwilliger Zustimmung des Arbeitnehmers, auf die hochsensiblen Daten zugreifen.

Dass Arbeitgeber auf derartige Daten zugreifen können, könnte fatale Folgen haben. Arbeitgeber könnten Arbeitnehmer nach gesundheitlichem Zustand auswählen. Bei chronischen Erkrankungen o.ä. könnten Bewerbungen abgelehnt werden. Menschen mit tödlichen Erkrankungen könnten enorme Schwierigkeiten bekommen, einen Job zu erhalten. Auch wenn die Einsicht freiwillig wäre, könnten Arbeitgeber Ihre Entscheidungen von der Einwilligung zur Akteneinsicht abhängig machen.

Der Patient kann die über ihn gespeicherten Daten zwar jederzeit einsehen. Ob er dies jedoch machen wird und inwiefern die medizinischen Informationen für ihn aufgrund Fremdwörter u.ä. „lesbar" sind, ist jedoch ungewiss.

3.2.2 Hochverfügbarkeit vorausgesetzt

Vorteil der elektronischen Patientenakte ist die extrem schnelle Verfügbarkeit von Daten. Damit diese auch wirklich gewährleistet wird, sind umfangreiche Sicherheitsmaßnahmen notwendig. Redundante, ausfallsichere Systeme sind genauso wichtig wie hochverfügbare Kommunikationswege.

Ein Komplettausfall hätte fatale Folgen für die Gesundheitsversorgung und sollte dementsprechend durch technische Maßnahmen ausgeschlossen werden.

Egal, wie gut die Sicherheitsmaßnahmen des BMGS sein sollten, es gibt weitere Sicherheitsrisiken, beispielsweise die Rechner der Ärzte und Apotheken. Sind diese beispielsweise nicht ausreichend gegen Viren geschützt, ist es nur eine Frage der Zeit, bis technische Probleme auftreten. Oftmals sind noch veraltete Betriebssysteme wie Windows 98 im Einsatz.

Sicherheitskonzepte von Krankenhäusern, Arztpraxen und Apotheken müssen dementsprechend an die neuen Anforderungen angepasst werden.

3.2.3 Hacker-Angriffe

Aufgrund der Hochsensibilität der Daten muss das komplette System sicherheitstechnisch genau überdacht sein. Sicherheitslücken, die Türen für Hacker öffnen, müssen möglichst ausgeschlossen werden.

Mit entsprechenden Verschlüsselungen und Signaturen können die Kommunikationswege abgesichert werden.

Der zentrale Speicherort der hochsensiblen Daten darf ebenso kein mögliches Ziel für Hacker sein.

Unbemerkte Datenmanipulationen müssen ausgeschlossen werden.

3.2.4   Nutzung externer Patientenakten

Bisher wurden Informationen externer Patientenakten von Ärzten meist nur bei Bedarf verwendet und angefordert. Mit der elektronischen Patientenakte wird der Zugriff auf Ergebnisse anderer Ärzte deutlich erleichtert und geschieht zudem ohne Wissen des Verfassers.

Der Herkunft und Urheberschaft von Daten muss eindeutig einer Person oder Institution zuzuordnen sein.

Die Haftung für Behandlungen, die auf das Verwenden externen Wissens beruhen, trägt der behandelnde Arzt selbst. Ob dieser von der Richtigkeit solcher Informationen ausgeht, ist seine Entscheidung. Dass sehr viele Ärzte externes Wissen trotz der Möglichkeit nicht nutzen wollen, ist nicht ausgeschlossen.

Ärzte schreiben in der Regel ungern Gutachten, mit denen sie andere Ärzte bezüglich dessen Behandlungen kritisieren. Mit einer viel umfangreicheren Nutzung externer Daten könnte sich dies ändern. Ob somit auch unsere Gerichte belastet werden, ist ungewiss.

3.3   Zusammenfassung

Das neue zentralisierte Gesundheitssystem verringert mit Sicherheit den „Papierkram". Die Qualität der medizinischen Versorgung in Deutschland kann durch die Gesundheitskarte steigen.

Nichtsdestotrotz birgt das System auch viele Risiken, vor allem bezüglich des Datenschutzes. Ob später, wenn sich das System grundlegend etabliert hat, Gesetzesänderungen stattfinden, die den Datenschutz beeinträchtigen, ist beispielsweise ungewiss.

4 Lösungskonzept

4.1 Lösungskonzept der elektronische Patientenakte – Beispiel anhand der Gesundheitskarte

Das neue zentrale System soll viele Probleme des alten Systems lösen und Prozesse hinsichtlich Zeitaufwand, Kosten und Qualität verbessern.

4.1.1 Qualitative Verbesserungen

Die Gesundheitskarte sieht langfristig die Speicherung aller medizinischen Daten (Untersuchungsergebnisse, Röntgenbilder, Arzneimittelverabreichungen...) vor. Zunächst werden mit der Einführung elektronische Rezepte und die Speicherung von Notfalldaten auf der Karte umgesetzt

Elektronische Rezepte „flicken" den beschrieben Bruch der elektronischen Übertragungskette. Fehler durch eine unleserliche Handschrift werden vermieden.

Notfalldaten können (auch ohne Eingabe der Benutzerpin) von der Karte abgerufen werden. Auf diese Informationen kann im Notfall zugegriffen werden, entsprechend kann die Gesundheitskarte lebensrettend sein.

Im Allgemeinen kann ein Arzt später auf alle medizinischen Informationen (sofern der Patient damit einverstanden ist) eines Patienten zugreifen. Doppeluntersuchungen werden vermieden. Der Arzt hat dadurch eventuell mehr Zeit zur Verfügung, was verringerte Wartezeiten und qualitative Verbesserungen bei Behandlungen durch weniger Zeitdruck bedeuten könnte.

Arzneimittelunverträglichkeiten werden ebenso vermieden. Desweiteren ist ein System vorgesehen, das automatisch Wechselwirkungen oder Unverträglichkeiten erkennt. Es wird ein Alarm ausgelöst, wenn dem Patienten ein Medikament verabreicht werden soll, das Wechselwirkungen mit einem Medikament, das der Patient bereits einnimmt, verursacht. Ein solches System könnte Wechselwirkungen und bekannte Arzneimittelunverträglichkeiten erkennen, die Ärzten und Apothekern nicht sofort auffallen.

4.1.2 Langfristige Kostensenkungen

Das Projekt der Gesundheitskarte kostet Milliarden. Nichtsdestotrotz sollen langfristig Kosten gesenkt werden.

Die Anzahl der Arbeitskräfte in Arztpraxen und Krankenhäusern könnten durch vereinfachte Arbeitsabläufe vermutlich langfristig verringert werden. Ob dies ein Vor- oder Nachteil ist, sei dahingestellt. Verringerte Kosten für Ärzte könnten jedoch niedrigere Behandlungskosten und somit günstigere Behandlungen bedeuten. Da die „neuen" Arbeitslosen unser System wie auch das Gesundheitssystem zusätzlich belasten, sollte man bei der Diskussion solcher Vorteile jedoch vorsichtig sein.

Bei Änderung von Versichertendaten musste bei der alten Versichertenkarte eine neue Karte ausgegeben werden. Bei der Gesundheitskarte sind alle Daten änderbar. Missbrauch wie bei der alten Versichertenkarte soll durch das Foto vermieden werden, wodurch Kosten vermieden werden.

Jährlich werden 700 Millionen Rezepte ausgestellt. Veranschlagt wird von den Krankenkassen pro Rezept eine Bearbeitungsgebühr von 40-50 Cent. Solche Kosten können durch die Einführung der Gesundheitskarte vermieden werden.

Kosten durch falsche Medikationen (wegen bekannten Unverträglichkeiten, Wechselwirkungen) können verringert werden.

4.2 Das Datenschutz-Lösungskonzept der Gesundheitskarte

In diesem Kapitel wird das Lösungskonzept der Gesundheitskarte bzgl. des Datenschutzes vorgestellt. Viele Kritikpunkte aus dem Kapitel der Problemstellung können hiermit jedoch nicht aus dem Weg geräumt werden.

Nach der Bundesgesundheitsministerin Ulla Schmidt (SPD) hat der Datenschutz bei der Gesundheitskarte oberste Priorität. Das Sicherheitssystem der elektronischen Gesundheitskarte wurde in enger Zusammenarbeit mit dem Bundesbeauftragten für Datenschutz entwickelt. Obwohl der Zeitplan der Einführung sehr eng ist, sollte der Datenschutz nicht vernachlässigt werden.

Prinzipiell gilt: der Patient ist Herr seiner Daten. Lediglich die Speicherung von allgemeinen Versichertendaten und die Nutzung des eRezeptes ist Pflicht. Für alle sonstigen Daten kann jederzeit die Löschung veranlasst werden. Wer wann auf welche Informationen zugreifen darf, entscheidet der Patient.

Ein Datenzugriff anderer ist nur für ausgewählte Personenkreise (Ärzte und Apotheker) möglich, die hierfür ihren Heilberufsausweis benötigen. Hierfür muss der Benutzer außerdem seine PIN eingeben. Lediglich für das Abrufen von Notfalldaten und für eRezepte ist keine PIN-Eingabe notwendig. Die 50 letzten Zugriffe von Ärzten und Apothekern werden protokolliert.[24]

Der Patient kann die über ihn gespeicherten Daten von einem Arzt jederzeit ausdrucken lassen.

In Arztpraxen und Apotheken sollen sogenannte Kiosksysteme eingerichtet werden, über die die Patienten ihre Daten einsehen können. Wieviele solcher Terminals aufgestellt werden sollen, ist noch unklar.[25]

Der Verstoß gegen Datenschutzregelungen hat strafrechtliche Konsequenzen. Das GKV-Modernisierungsgesetz hat deswegen den § 307 SGB V um entsprechende Vorschriften erweitert und neue Straftatbestände im Zusammenhang mit der elektronischen Gesundheitskarte durch § 307 a SGB V geschaffen.

So wurde eine Regelung eingeführt, nach der bereits das bloße Verlangen nach Einsichtnahme durch eine nicht berechtigte Person eine Ordnungswidrigkeit darstellt, die mit einer Geldstrafe geahndet werden kann. Damit sollen bereits Handlungen erfasst werden, die im Vorfeld eines verbotenen Zugriffs auf die Daten anzusiedeln sind.

Wer auf die medizinischen Daten, die über die elektronische Gesundheitskarte zugänglich gemacht werden, ohne Erlaubnis zugreift, macht sich strafbar und kann mit Freiheits- oder Geldstrafe belangt werden.[26]

Bei Dokumenten allen Dokumenten werden digitale Signaturen eingesetzt. So kann man jederzeit die Herkunft bzw. Urheberschaft von Dokumenten feststellten.

Daten werden prinzipiell verschlüsselt übertragen, um Hackerangriffe auf den Kommunikationswegen abzuwehren.

Genaue Informationen zu den verwendeten Serversystemen sind nicht bekannt. Nach Angaben des BMGS soll allerdings Hochverfügbarkeit angestrebt werden.

4.3 Zusammenfassung

Die elektronische Gesundheitskarte und Patientenkarte kann dazu beitragen, die Gesundheitsversorgung in Deutschland verbessern und langfristig Kosten senken. Ob die Praxis mit der Theorie einigermaßen übereinstimmt, kann man erst nach der Einführung der Karte sagen.

Bezüglich des Datenschutzes scheint das BMGS sehr bemüht zu sein, Lösungen zu finden. Sicherlich mitunter, weil die Anzahl der Kritiker hoch ist und eine hohe Akzeptanz bei den Patienten erreicht werden soll.

---

[24] Vgl. [GESU-7]
[25] Vgl. [WIK-1]
[26] Vgl. [STMO-1]

5 Zusammenfassung und Ausblick

5.1 Aktueller Stand

Das umfangreiche Lösungskonzept des Bundesgesundheitsministeriums für die Gesundheitskarte und die elektronische Patientenakte steht, Pilotprojekte werden ausgeweitet.

Am 27. September hat das BMGS eine Ersatzvornahme angekündigt. Danach werden die Rahmenbedingungen zur Umsetzung des Projektes vom BMGS neu geordnet und unter der Leitung des BMGS die weiteren Arbeiten gesteuert. Zuvor waren mehrfach Abstimmungen unter den Gesellschaftern des beauftragten Unternernehmens gematik gescheitert und die Zeitpläne von BMGS und gematik schienen nicht vereinbar. Damit ist der weitere Ablauf der Einführung der Gesundheitskarte wieder unklar.[27]

5.2 Ausblick

Nach einem Bericht des Handelsblattes vom 16. November 2005 rechnen Krankenkassenchefs mit der flächendeckenden Einführung der Gesundheitskarte nun erst im Jahr 2007. Tests mit 10.000 und 100.000 Versicherten erfolgen mit Sicherheit in 2006. Sollten diese erfolgreich verlaufen, könne man eventuell doch noch mit der geplanten flächendeckenden Einführung im Jahr 2006 rechnen.[28]

Da die Funktionalität der elektronischen Patientenakte erst zu einer späteren Ausbaustufe gehört, wird diese auch zum Zeitpunkt der Einführung noch auf sich warten lassen.

Die Digitalisierung der medizinischen Versorgung in Deutschland gehört zu den anspruchsvollsten IT-Projekten weltweit. Experten rechnen mit rund 11 Milliarden Daten-Transaktionen pro Jahr und schätzen das Datenaufkommen auf mindestens 23,6 Terabyte pro Jahr - und das ohne die Bilddaten, die durch moderne bildgebende Verfahren wie Computertomographie oder Magnetresonanztherapie geliefert werden.[29]

---

[27] Vgl. [WIKI1]
[28] Vgl. [HABL-1]
[29] Vgl. [GEDE-1]

Ob sich die Kosten wirklich rechnen, ist ungewiss. Zwar besteht ein hohes Einsparpotential, ob jedoch neue, noch unbekannte Kosten entstehen oder enorme Probleme bei der Einführung Kosten verursachen, ist unklar. 1,7 Milliarden soll das Projekt nach offiziellen Angaben etwa Kosten: diese finanziellen Mittel sollen aktuell bei Behandlungen fehlen, beklagen sich Ärzte.

Wenn die Akzeptanz beim Volk nicht hoch ist, könnte die Gesundheitskarte wenig Erfolg haben. Deshalb startete das BMGS eine Marketinginitiative. Sollten die freiwilligen Funktionen nicht angenommen und genutzt werden, bleiben die Einspareffekte, z.B. durch eine niedrigere Anzahl von Doppeluntersuchungen, natürlich aus.

Wir können gespannt sein, wie die Einführung der Karte verlaufen wird. Kritiker befürchten ein ähnliches Debakel wie bei „toll collect".

Wie es mit dem Datenschutz aussieht, sobald der „gläserne Patient" erst einmal geschaffen ist und riesige hochsensible Datenarchive entstanden sind, ist unklar.

Quellenverzeichnis

[WIKI-1]   http://de.wikipedia.org/wiki/Elektronische_Patientenkarte

"Elektronische Patientenkarte"

Abgerufen am 02.12.2005

[WIKI-2]   http://de.wikipedia.org/wiki/Elektronische_Patientenakte

„Elektronische Patientenakte"

Abgerufen am 02.12.2005

[GESU-1]   http://www.die-gesundheitskarte.de/grundinformationen/index.html?param=nav

Abgerufen am 02.12.2005.

[GESU-2]   http://www.die-
gesundheitskarte.de/grundinformationen/rechtliche_grundlagen/index.html

Abgerufen am 02.12.2005.

[GESU-3]   http://www.die-
gesundheitskarte.de/grundinformationen/technische_grundlagen/index.html

Abgerufen am 02.12.2005.

[GESU-4]   http://www.die-
gesundheitskarte.de/grundinformationen/organisatorische_grundlagen/index.html

Abgerufen am 02.12.2005.

[GESU-5]   http://www.die-
gesundheitskarte.de/grundfunktionen/administrative_funktionen/index.html

Abgerufen am 02.12.2005.

[GESU-6]   http://www.die-
gesundheitskarte.de/gesundheitskarte_aktuell/elektronisches_rezept/index.html

Abgerufen am 02.12.2005.

[GESU-7]   http://www.die-
gesundheitskarte.de/gesundheitskarte_aktuell/datensicherheit/index.html

Abgerufen am 02.12.2005.

[HEIL-1]   http://www.heilberufeausweis.de

Abgerufen am 02.12.2005.

[PRPO-1]   http://www.presseportal.de/story_rss.htx?nr=756411

Hauptverband der österr. Sozialversicherungsträger v. 01.12.2005

Abgerufen am 02.12.2005.

[HEIS-1]   http://www.heise.de/newsticker/meldung/57412

„Deutsche und österreichische Gesundheitskarte im Vergleich" vom 12.03.2005

Abgerufen am 02.12.2005.

[HEIS-2]   http://www.heise.de/newsticker/meldung/64261

„Österreich heute ohne Gesundheitskarte" vom 24.09.2005

Abgerufen am 02.12.2005.

[HEIS-3]   http://www.heise.de/newsticker/meldung/66458

„Österreichs Gesundheitskarte macht weiter Negativ-Schlagzeilen" v. 21.11.2005

Abgerufen am 02.12.2005.

[NETT-1]   http://www.net-tribune.de/article/121105-01.php

„Elektronische Gesundheitskarte: Österreich nach erfolgreichem Start Vorreiter in der EU" vom 12.11.2005

Abgerufen am 02.12.2005.

[LRSH-1]   http://landesregierung.schleswig-hol stein.de/coremedia/generator/Aktuel-ler_20Bestand/MSGF/Information/Gesundheit/Gesundheitskarte.html

Abgerufen am 02.12.2005.

[DIMD-1]   http://www.dimdi.de/static/de/ehealth/karte/basisinformation/gesetzrahmen/

Abgerufen am 02.12.2005.

[STMO-1]   http://www.staat-modern.de/Buerokratieabbau/Dokumente-,10188.858887/Datensicherheit-Datenschutz-de.htm?global.back=/Buerokratieabbau/-%2C10188%2C0/Dokumente.htm%3Flink%3Dsmo_liste

„Datensicherheit / Datenschutz der Gesundheitskarte"

Abgerufen am 02.12.2005.

[HABL-1]   http://www.handelsblatt.com/pshb/fn/relhbi/sfn/buildhbi/cn/GoArt!200013,200050,991085/SH/0/depot/0

„Elektronische Gesundheitskarte kommt später" vom 16.11.2005

Abgerufen am 02.12.2005.

[GEDE-1]   http://www.gesundheit.de/medizin/gesundheitssystem/gesundheitspolitik/elektronische-gesundheitskarte

„Mit der egK zur EKG"

Abgerufen am 02.12.2005.

Stichwortverzeichnis